# Prüft alles und behaltet das Gute

Tobias Petzoldt | Stefanie Schardien | Andrea Schneider

# Prüft alles und behaltet das Gute

edition ✦ chrismon

# INHALTS-VERZEICHNIS

**6** Paulus schreibt an die Thessalonicher (1. Thessalonicherbrief 5, 12–21)

**8** Woran hängst du?

**10** Umzug in ein neues Jahr / Andrea Schneider

**12** Bestandsaufnahme / Tobias Petzoldt

**14** Checkliste für meine Lebensaufgabe als Prüfer*in / Stefanie Schardien

**16** Offenheit wagen

**18** Aushaltwaren / Stefanie Schardien

**20** Riese oder Scheinriese / Andrea Schneider

**22** Prüft alles und behaltet das Gute / Tobias Petzoldt

**24** Loslassen üben

**26** Über Beschwernisse / Tobias Petzoldt

**28** Anders perfekt / Stefanie Schardien

**30** Prüfen ohne Ende? / Andrea Schneider

**32** Den Augenblick erkennen

**34** Aber / Stefanie Schardien

**36** Was-Wann-Warum / Andrea Schneider

**38** Gegenwärtig / Tobias Petzoldt

**40** Das Gute suchen

**42** Leben in der Zeitenwende / Andrea Schneider

**44** Vorschlag zur Güte / Tobias Petzoldt

**46** Siehe, es ist gut / Stefanie Schardien

**48** Schätze finden

**50** Was zu tun ist / Tobias Petzoldt

**52** Himmlisch / Stefanie Schardien

**54** Der Kirchencache / Andrea Schneider

**56 Was freut dich?**
58 Niederlassungen der Freude / Stefanie Schardien
60 Es geht ja wieder! / Andrea Schneider
62 Zwischendurch / Tobias Petzoldt

**64 Im Glück baden**
66 Hygge-Glück / Andrea Schneider
68 Glück halten / Tobias Petzoldt
70 Prioritätenfrage / Stefanie Schardien

**72 Vertrautes genießen**
74 Tägliche Übung / Tobias Petzoldt
76 Bodenhaftung / Stefanie Schardien
78 Hefeklöße und Semmelknedel / Andrea Schneider

**80 Im Herzen bewegen**
82 Geschichtsrückblick / Stefanie Schardien
84 Das Gelassenheitsgebet / Andrea Schneider
86 Herzblick / Tobias Petzoldt

**88 Geborgenheit spüren**
90 Wolfsstunde / Andrea Schneider
92 Gott gegenwärtig / Tobias Petzoldt
94 Durchgefühlt / Stefanie Schardien

**96 Wachsen lassen**
98 Schöpfungsgüte / Tobias Petzoldt
100 Vielleicht / Stefanie Schardien
102 Blüten im Winter / Andrea Schneider

# PAULUS SCHREIBT AN DIE GEMEINDE IN THESSALONICH

(1. Thessalonicherbrief 5,12–21)

Wir bitten euch, Brüder und Schwestern:
Erkennt die an, die sich unter euch mühen
und euch vorstehen im Herrn
und euch zurechtweisen!
Achtet sie äußerst hoch in Liebe
wegen ihres Wirkens!
Haltet Frieden untereinander!

Wir ermahnen euch, Brüder und Schwestern:
Weist die zurecht,
die ein unordentliches Leben führen,
ermutigt die Ängstlichen,
nehmt euch der Schwachen an,
seid geduldig mit allen!

Seht zu, dass keiner dem andern
Böses mir Bösem vergilt,
sondern bemüht euch immer,
einander und allen Gutes zu tun!
Freut euch zu jeder Zeit!
Betet ohne Unterlass!

Dankt für alles:
denn das ist der Wille Gottes für euch
in Christus Jesus.
Löscht den Geist nicht aus!
Verachtet prophetisches Reden nicht!

**Prüft alles und behaltet das Gute!**

# Woran hängst du?

# UMZUG IN EIN NEUES JAHR

—

Andrea Schneider

**W**ir alle sind umgezogen in diesen Tagen. Aus dem alten, bekannten Haus in ein neues, noch fremdes. Noch hat dieses Haus nicht viel mehr als eine Jahreszahl, an die wir uns gerade erst gewöhnen. Und auch wenn wir mit unsern vielen Eintragungen in das Kalender-Haus ganz anders tun – in Wahrheit kennen wir noch kaum einen seiner Räume. Können sie uns noch nicht mal aussuchen. Müssen uns aber in ihnen einrichten.

Viel haben wir mitgenommen in dieses neue Haus. Unsere Umzugskisten sind voll. Mit beglückenden Erinnerungen. Aber auch mit abgebrochenen, ungeklärten, immer noch an der Seele kratzenden Erfahrungen. Vielleicht ist jetzt Zeit, in diesen noch nicht so vollgepackten Tagen am Anfang des Jahres, einiges zu sortieren, auszusortieren oder bewusst wertzuschätzen: Die Mal-Kunstwerke der (Enkel-)Kinder – eine Freude, Veränderungen wahrzunehmen. Der verletzende E-Mail-Wechsel mit dem Kollegen – gut, ihn endgültig zu löschen. Die Weihnachtskarte der Schulfreundin von früher – ein Kick, den Kontakt endlich aufzufrischen …

Schöne Pläne füllen unsere Umzugskisten: ein Herbsturlaub im sonnigen Süden. Die Vorfreude auf das Fest zum runden Geburtstag. Aber da ist auch der traurige Rückblick auf den Krebstod des viel zu jungen Freundes. Und die Verunsicherung, wie schnell schöne Pläne zunichtewerden können ...

„Umzug ist Vertrauenssache!" Das war vor vielen Jahren der Werbeslogan der Firma, die wir als Familie für einen Umzug in eine andere Stadt beauftragt hatten. Er passte: Die Umzugs-Jungs waren wirklich sehr achtsam, haben nichts kaputt gemacht.

Eine letzte Kiste mit diesem Aufdruck steht immer noch auf unserem Dachboden – meine „Erinnerungskiste", ganz schön voll: meine abgeschnittenen, immer noch nicht mottenzerfressenen Mädchenzöpfe, mehrere Poesiealben und Tüten mit alten Fotos, Abschlussarbeiten, zusammengebundene Liebesbriefe bis hin zu Resten der Silberhochzeitsdeko.

Ob nun wert-voll oder müll-lastig, jedenfalls klein und leicht sind beim Umzug in ein neues Jahr unsere persönlichen Umzugskisten im Vergleich zu den übergroßen und überwältigend schweren weltweit – angefüllt mit Völkerhass und Kriegsgerät, startklar, die weltweiten Räume auch dieses Jahres mit ihrem Schrecken zu besetzen.

Als hätte er unsere Zeit gekannt, hat der Liederdichter Paul Gerhardt im 17.Jahrhundert seine Gedanken so auf den Punkt gebracht: „Wir gehn dahin und wandern von einem Jahr zum andern, wir leben und gedeihen vom alten bis zum neuen durch so viel Angst und Plagen, durch Zittern und durch Zagen, durch Krieg und große Schrecken, die alle Welt bedecken." Und dann wendet er sich an Gott: „Ach, Hüter unsres Lebens, fürwahr, es ist vergebens mit unserm Tun und Machen, wo nicht dein' Augen wachen."
Ja, Umzug ist wirklich Vertrauenssache.

# BESTANDS-AUFNAHME

Tobias Petzoldt

Am Anfang des Jahres und
bei Gelegenheit in dessen Verlauf
ist's gut zu schauen, ob
man noch alle hat und alles,
ob verfügbar sind Herz und Hut,
ob Leichen sind in Keller und Gemüt
oder ob es lebt, tief drinnen.

Am Anfang des Jahres oder
an Geburtstagen, Hoch-Zeiten,
Scheidepunkten
darf der Blick ruhen
auf allem, was ist;
auf dem, was wegkann,
und jenem, was bleiben soll.

Wir lassen zu, wir lassen los,
wir ordnen und lassen ein
die treue Freundin,
ein warmes Bad,
den tiefen Traum.
Und lassen uns neu ein
auf das, was kommen mag.

# CHECKLISTE FÜR MEINE LEBENSAUFGABE ALS PRÜFER*IN

Stefanie Schardien

1. Wann musste ich das letzte Mal in einer wichtigen Sache überlegen, wie es weitergeht?
2. Wer prüft bei mir: Bauch oder Kopf oder Seele?
3. Was macht mich am Ende zufrieden mit meinen Entscheidungen? Was nicht?
4. Falls ich schon einmal eine Wohnung oder einen Haushalt auflösen musste: Was fiel mir daran leicht?
5. Hänge ich eher an Menschen, an Dingen, an Erinnerungen oder der Zukunft?
6. Was habe ich aus meiner Kindheit mitgenommen in mein heutiges Leben?
7. Hat sich über die Jahre verändert, was mir wichtig ist?
8. Wie viele Dinge besitze ich etwa?
9. Welche davon würde ich vermissen und bei welchen nicht einmal ihr Verschwinden bemerken?
10. Wo finde ich Trost, wenn mein Herz verliert, woran es hängt?

# Offenheit wagen

# AUSHALT-WAREN

Stefanie Schardien

**E**igentlich war wohl nur ein großes „H" heruntergefallen vor den anderen Leuchtbuchstaben über dem alten Geschäft. Das erkenne ich aber nicht gleich. Ich lese allein die verblichenen restlichen Buchstaben: „AUSHALTWAREN" steht da über dem Schaufenster. Was für ein außergewöhnlicher Laden. Was es da wohl zu kaufen gibt? Zahnweh? Langeweile in Tüten? Andere Meinungen, die mir nicht passen? Das wären meine persönlichen Aushaltwaren. Doch warum sollte ich mir die anschaffen, wo ich doch in diesen Zeiten mein Möglichstes tue, sie zu vermeiden? Gegen Schmerzen nehme ich schnell eine Tablette. Gegen Langeweile helfen mittlerweile Medien aller Art. Gegen andere Meinungen hülle ich mich in meine Nischen und Blasen aus Gleichgesinnten. Die Aushaltwaren meines Lebens habe ich eigentlich aus den Schränken und Regalen weggeräumt.

Die alten Leuchtbuchstaben über dem Geschäft flackern einmal kurz auf. So als wollten sie sagen: Bist du sicher, dass du nichts von hier brauchst? Vielleicht haben sie Recht. So manches, was ich aushalte, hält meinen Blick weit und mein Herz offen:
Wenn ich nie Schmerz erlebt hätte, könnte ich kaum wahrnehmen, dass es mir gut geht. Und dass in der Langeweile oft der Boden für neue Ideen und für Kreativitätsschübe liegt, gehört zu den küchenpsychologischen Erkenntnissen von Kindheitsnachmittagen aus der Vor-Handy-Zeit. Aber andere Meinungen? Ich spüre meinen Widerstand. Manches davon will ich einfach nicht aushalten. Weil es eben jenseits allen Anstands ist. Doch was ist mit dem, was mir nur unbequem scheint, fremd, unverständlich. Was passiert, wenn ich davon mehr aushalte? Wenn ich genauer und länger hinhöre? Dann kann ich immer noch entscheiden, was ich meine. Aber mein Blick würde weiter und offener. Und wenn es gut geht, bei den anderen, die meine Meinung aushalten, eben genauso.

Vielleicht, überlege ich beim Weitergehen, müsste man die Leuchtbuchstaben nur etwas aufpolie-ren, denn AUSHALTWAREN statt HAUSHALTWAREN erscheinen in dieser Zeit als ein durchaus lohnendes Geschäftsmodell.

# Riese oder Scheinriese

*Andrea Schneider*

**E**s ist so eine Sache mit dem Prüfen. Oft geht das schnell, zu schnell. Ein kurzer Blick, ein erster Eindruck, dann eine zackige Meinung: Zu fremd. Zu schwierig. Zu neu. Zu unsicher. Krieg ich nicht hin. Lassen wir mal lieber. Einfach abhaken. Macht Angst. Schnell weg davon. Und weg damit.

In seiner Geschichte von Jim Knopf und Lukas dem Lokomotivführer, die auf der Lokomotive Emma durch die Welt reisen, erzählt Michael Ende, dass es auch anders sein kann:

Irgendwann auf ihrer abenteuerlichen Reise verfahren sich die drei Helden im wüsten Nirgendwo. Da erblicken sie in der Ferne plötzlich die Riesen-Gestalt eines Riesen-Menschen. Ein Riesen-Schreck!
Jim Knopf ist völlig von der Rolle, Emma aus der Bahn geworfen. Auch Lukas wundert sich über das Ungeheuer am Horizont. Aber er sieht auch dessen langen weißen Bart. Das schlabbrige Hemd. Den alten Strohhut. Er hört seine brüchige Stimme.

Und Lukas überlegt: Der Riese – ist er wirklich so gruselig gefährlich, wie er erscheint? Oder vielleicht – trotz seiner bedrohlichen Größe – doch „ganz manierlich"? Könnte er ihnen vielleicht sogar helfen, herauszufinden aus der verflixten Wüste?
Vorsichtig gehen Lukas und Jim Knopf auf den Riesen zu. Mit schlotternden Knien. Aber mit jedem Schritt, den die beiden dem Riesen näher kommen, wird dieser kleiner. Erst ist er himmelhoch wie ein Gebirge, dann lang wie ein Kirchturm, dann nur noch groß wie ein Haus. Schließlich auf Augenhöhe.

„Ich bin Herr Tur Tur, ein Scheinriese," stellt sich der alte Mann ihnen vor. Sein freundliches Gesicht leuchtet. „Alle haben Angst vor mir, weil ich so groß erscheine. Wie schön, dass ihr nicht vor mir zurückschreckt, sondern mich an euch heranlasst. Darf ich euch von mir erzählen?"
Verrückt: Da ist dieser an-scheinend so bedrohliche Riese. Aber er ist nur schein-bar so bedrohlich. Eigentlich ist er anders: „ganz manierlich"!

Mir fallen viele Situationen ein, wo es guttut, das Riesenhafte, das fremd und bedrohlich vor mir steht bzw. mir bevorsteht, als scheinriesenhaft zu entlarven: Meine Unsicherheit und Angst davor zu spüren. Aber doch Schritt für Schritt drauf zuzugehen. Den „Riesen" kennenzulernen. Dabei das Herausfordernde als nicht überfordernd zu erleben und selbst dabei stärker zu werden. Mich mit meinem Scheinriesen sogar anzufreunden. Denn kann ja gut sein, dass er wichtig und hilfreich ist auf meiner Lebensreise.

Zum Beispiel die schwierige Prüfung. Der aufregende Auftritt vor Publikum. Die anstrengenden Phasen einer Chemotherapie. Der Kontaktversuch nach verletzender Funkstille. Der neue Job nach langer Familienpause und so weiter.
Riese oder Scheinriese? Mit Offenheit prüfen lohnt sich: wage-mutig, nicht angst-besetzt. Und nicht nur im persönlichen Leben.

Tobias Petzoldt

# PRÜFT ALLES UND BEHALTET DAS GUTE

_

**Prüft**

seht nach und seht durch
stellt fest und auf die Probe
nehmt in die Zange und ins Gebet

**alles**

Hausstand und Wohlstand
(auf Unrat)
Probelauf und Lebenslauf
(auf Chancen)
Speisekammer und Herzkammer
(auf Verderbliches)

**und behaltet**

haltet ab, was schadet
haltet auf, was stört
haltet fest, was passt
bewahrt das Bewährte
und vermehrt

**das Gute**

im Hab und Gut
in Herz und Sinn
gut und gern
für euch und alle
macht's gut

Also prüft alles und behaltet das Gute.
Alles andere kann weg.

# Loslassen üben

Tobias Petzoldt

# Über
# Beschwernisse

Ich will mich nicht beschweren.
Jede Beschwerde beschwert,
belastet, bedrückt und ist
mitunter schwer tragbar.

Wenn man nicht will,
was du tust, oder
wo man nicht will,
wie du bist,

schüttele ab den Staub
und gehe weiter,
ohne weiterzutragen
und breitzutragen,

was verstaubt ist
oder dreckig.

*Matthäus 10,14*

# ANDERS PERFEKT

Stefanie Schardien

Zu jeder Jahreszeit gibt es die passende Tischdeko und zu jedem Fest ein neues Design: Zu Ostern sollen Hasen, Küken und Eier die Wohnung erobern. Im Herbst bunte Blättergirlanden, alles natürlich möglichst rustikal. Im Advent dann Lichterkettenmeere, und jedes Jahr könnten Christbäume in der neuesten Modefarbe erstrahlen. Zeitschriften, Geschäfte und so manche Wohnung von Freunden lassen mich die mögliche Perfektion erahnen. Eine Stimme in mir seufzt: So müsste es bei mir auch einmal sein. Entsprechend ernüchternd war die Erkenntnis, dass neben Job, Haushalt und Kindern mein eigenes Zeit-, vielleicht auch mein Lustbudget diesem Perfektionsanspruch nicht gerecht werden konnten. Kill your darlings, riet mir eine Freundin. Bring deine Lieblinge um! All das, woran du zu sehr hängst und was dich eigentlich beschwert: unhinterfragte Überzeugungen, belastende Glaubenssätze und erstarrte Rituale. Lass sie ziehen. Kill your darlings: Meine Kinder halfen mir dabei, allein schon durch ihre schlicht andere Vorstellung von Schönheit. An die Stelle der gekillten Lieblinge traten Eigenkreationen aus dem Kindergarten. Jegliches Designkonzept für den Christbaum wurde mit glitzernden weihnachtlichen Hängeflamingos oder wild zusammengeschenkten Sternen durchbrochen. Die Eier zu Ostern wurden Freestyle bemalt oder einfach sofort gegessen. Geht doch, merke ich. Anders perfekt.

# PRÜFEN OHNE ENDE

—

Andrea Schneider

Ich geb's zu: Ich habe einen Umtausch-Tick. Kaum habe ich nach ausführlicher Anprobe z. B. ein T-Shirt erstanden im Laden und nach Hause getragen, erfasst mich der Gedanke, ob nicht doch die andere Farbe schicker gewesen wäre, besser zu kombinieren, oder die größere Größe sinnvoller, könnte ja einlaufen. Und dann wandert das besagte T-Shirt wieder zurück in den Laden, wird umgetauscht. Und – das mag ich nun kaum zugeben: Es kann durchaus vorkommen, dass ich nach weiteren Tests zuhause mit hängendem Kopf und auf unerschöpfliche Kundenfreundlichkeit der Verkäuferin hoffend, nochmal im Laden auflaufe zwecks erneuten Rücktauschs oder endgültiger Rückgabe. So was von peinlich!

Mit meinem Umtausch-Tick bin ich voll im Trend. Ein Prüfen ohne Ende, das häufig damit endet, gar nichts zu wählen, ist eine typische Erscheinung unserer Multi-Optionsgesellschaft und hat einen offiziellen Namen: FOMO – Fear of missing out, die Angst, etwas zu verpassen. Besonders verbreitet unter den Digital Natives: beständig scrollen und switchen auf dem Smartphone, bei WhatsApp,

TikTok, Instagram, bei dieser Influencerin oder jenem Blogger, immer online mit der Peergroup: Wo gibt's das schickere Meeting, die wildere Party ... Was machst du gerade? Mach ich mit oder nicht? Bilder und News im Sekundentakt: gucken und vergleichen und beneiden. Was ist top? Bin ich etwa hop?

FOMO hat viele Gesichter und kann sich als FOBO – Fear of better Options, die Angst vor besseren Möglichkeiten – noch verstärken. Denn immer und für alles gibt es eine vielleicht bessere Wahl. Müsste ich die nicht erst einmal checken vor einer Entscheidung? Nicht nur Pizza oder Pasta, Kino oder Party, auch dieser und jener Job, diese oder jene Paarbeziehung – die unzähligen kleinen und großen Entscheidungen, die wir beständig treffen müssen, können überfordern, zu psychischen Problemen führen, zu einem inneren und äußeren Stillstand in aller Hektik. Interessant, dass es gerade auch unter jungen Leuten einen Gegentrend dazu gibt: JOMO – Joy of missing out, die Freude, etwas zu verpassen: sich mal bewusst ausklinken, offline stellen. Zu sich kommen. Fragen, wozu habe ich selbst Lust? Ohne zu checken, was die andern gerade machen oder nicht. Nicht: tausend Bildern anderer folgen, sondern dem eigenen Kopf und Bauch. Analog statt digital. Keine grundsätzliche Verweigerung, aber eine Pause. Das Leben einfach mal auf sich zukommen und geschehen lassen.

Mir ist dieses Akronym eingefallen: AHAZ – Alles hat Zeit, (seine) Zeit. Ein Gedanke aus dem weisen Predigerbuch in der Bibel: Das vielfältige, bunte Leben hat einen sinnvollen, guten Rhythmus, in den ich mich einklinken, ja einschwingen kann. Für alles gibt es eine eigene, eine passende Zeit: Weinen und lachen. Einreißen und aufbauen. Schweigen und reden. Sich umarmen und sich trennen ... Spannend: mal das endlose Prüfen lassen und loslassen. Und sich entspannt drauf einlassen: Alles hat seine Zeit.

# Den Augenblick erkennen

ABER

Stefanie Schardien

**E**igentlich geht das nun wirklich nicht.
Gar nicht drin im Budget
von Portemonnaie und Zifferblatt.
Nicht angemeldet sowieso.
Da könnte ja jeder kommen.

Eigentlich geht das nun wirklich nicht.
Wie die andern dann schau'n,
erst recht, was sie sagen.
Mit hochgezogenen Augenbrauen
und streng gerunzelter Stirn.

Eigentlich geht das nun wirklich nicht.
Überleg doch nur mal,
was könnte nicht alles passieren.
Am Ende ist das Gejammer groß.
Doch dann ist es eben zu spät.

Ein Eigentlich ruft nach dem Aber danach,
das antworte ich und denke mir:
Eigentlich geht das nun wirklich nicht,
aber der Spatz in der Hand will
endlich einmal fliegen.

# WAS-WANN-WARUM

_Andrea Schneider_

—

**V**ielleicht wollte er den angesagten neuen Wanderprediger nur mal prüfen. Ob der sich auskennt und zu den guten Gesetzen des Glaubens steht. Aber vielleicht hat sie ihn auch persönlich umgetrieben, die Frage nach dem „ewigen Leben". Die Frage des Schriftgelehrten damals – sie ist auch unsere Frage heute: Was macht das Leben in seinem Kern sinnvoll und wertvoll? Und ohne Ende gut?

Jesus reagiert kommunikativ geschickt mit einer Gegenfrage: „Was steht denn im Gesetz? Was liest du da?" Der Mann antwortet sachlich kompetent: „Du sollst den Herrn, deinen Gott, lieben mit deinem ganzen Herzen, mit deiner ganzen Seele, mit deiner ganzen Kraft und mit deinem ganzen Denken. Und: Liebe deinen Mitmenschen wie dich selbst."
Jesus gibt ihm Recht: „Halte dich daran und du wirst leben." Alles klar. Wirklich?
Die Nachfrage ist berechtigt: Was meint denn das konkret? Was ist wann warum gut?
Und was nicht?

Geschichten tun da gut, um den Knoten in Kopf und Herz zu lösen.
Und Jesus erzählt eine Geschichte. Die von den zwei frommen Männern, die religiös leben und

alles richtig machen wollen – und doch alles falsch machen, am „ewigen Leben" vorbeigehen. Weil sie auf ihrem Weg den unter die Räuber Gefallenen übersehen.

Weil sie nicht erkennen, was jetzt, in diesem Augenblick dran ist: nämlich nicht die wichtige Religions-Sache, sondern der bedürftige Mit-Mensch.

Der vorbeikommende Dritte, ein unfrommer Außenseiter, der sieht hin. Hat Mit-Leid mit dem Mit-Menschen. Und er tut das Richtige, das Not-Wendige. Jesus provoziert den Fragesteller damals und uns heute: Haltet an! Schaut hin! Fühlt mit! Macht es so wie der Barmherzige! Das ist das Gute, das zum „ewigen Leben" hilft.

Und dann zieht Jesus weiter. So berichtet Lukas in seinem Evangelium. Und es geht weiter mit dem „Was-Wann-Warum". Jetzt aus Frauen-Sicht:

Jesus besucht mit seinem Tross zwei Schwestern. Viele Leute, volles Haus. Hungrige Mägen, heiße Kochtöpfe. Marta, die eine: zuverlässig engagiert. Verschwitzt geschafft. Abgehetzt genervt. Maria, die andere: provokativ untätig. Konzentriert zuhörend. Entspannt selbstbewusst.

Jesus liebevoll zu Marta: „Du machst dir viele Sorgen und viel Arbeit. Aber das Gute, das jetzt dran ist – das hat Maria erkannt." Wieder eine Provokation. Keine Festschreibung von Frauenrollen. Keine grundsätzliche Bewertung von vita activa und vita contemplativa. Aber die Ermutigung zu prüfen, was wann warum richtig und wichtig ist. Statt immer nur machen – mal eine Pause machen. Zu sich kommen. Zu Gott kommen. Statt sich für andere auspowern – auch für sich selbst sorgen. Nicht nur ein Frauen-Thema ...

Gott lieben. Und den Menschen neben mir. So wie mich. Denn er ist wie ich.
Und für dies alles den Kairos erkennen, den „guten" Augenblick. Ihn beim Schopf packen!
Für ein volles, rundes, „ewiges Leben".

da sein im Dasein
aufrecht und aufrichtig
hinwenden, zuwenden, anwenden

was morgen wird, ist morgen
was gestern war, vorbei
was ist, ist

darum hier und heute
einkehren und auskehren
aushalten und haushalten

in der Gegenwart sein
in der Gegenwart Gottes sein
in der Gegenwart Gott gegenwärtig sein

und
einfach
sein

ich bin da
du bist da
das genügt

# Das Gute suchen

# LEBEN IN DER ZEITENWENDE

Andrea Schneider

**LIEBER PAULUS,**

der Graben der Geschichte zwischen uns ist breit und tief. Aber ich überspringe ihn einfach mal und schreibe dir zu dem Brief, den du vermutlich im Jahr 50/51 an die junge Gemeinde in Thessalonich geschrieben hast. Ich finde ihn anregend auch für mich als Christin im Jahr 2025.

Dieser Brief, dein erster an eine Gemeinde, ist nicht so theologisch tiefgründig wie deine späteren. Aber eindrücklich beschreibst du deine Verbundenheit mit dieser quirlig-bunten, theologisch-strukturell noch ziemlich unausgereiften Gemeinde. Machst den Leuten Mut, trotz aller Anfeindungen aus ihrem religiös und kulturell anders geprägten Umfeld dranzubleiben am Christus-Glauben.

Ihr gingt ja davon aus, dass Christus der Weltenherrscher sehr bald wieder erscheinen würde auf der Erde. Und du beschreibst einen „Fahrplan", wie er dann die Gläubigen, auch die bereits gestorbenen, zu sich holen würde. Das wirkt befremdlich auf mich. Und bis jetzt ist deine Prophezeiung ja auch nicht eingetreten.

Für Christinnen und Christen heute ist die Frage nach der Wiederkunft Christi nicht so drängend wie für euch damals. Aber unsere von globalen Krisen und Katastrophen und grauenhaften Kriegen erschütterte Zeit legt vielen Menschen schon den Gedanken nahe, dass wir in einer unser Leben auf der Erde apokalyptisch bedrohenden „letzten Zeit" leben.

Die Fragen, die euch damals bewegt haben, kennen wir auch: Wie kann man Christsein überzeugend leben in einer unchristlichen Umwelt? Was ist unser Auftrag in der Zeitenwende?

Du schreibst, dass die Glaubenden nicht passiv abwarten sollen, bis die End-Zeit endlich endet. Sie sollen sich nicht aus der Welt zurückziehen in ihre fromme Blase, sondern mitten in der Welt leben – „wachsam und nüchtern". Das finde ich wichtig auch heute: sich nicht kirre machen lassen von Horrorszenarien und Fake News, sondern sich besonnen und solidarisch einbringen in die Gesellschaft. Du nennst zwei Beispiele: achtsam und gewaltfrei mit körperlich-sexuellen Bedürfnissen umgehen. Und in geschäftlichen Aktivitäten ehrlich und zuverlässig sein. Eine interessante Kombination.

Christen sollen „heilig" sein. Das klingt abgrenzend und weltfremd, könnte aber einen Lebensstil meinen, der besonders ist, weil er nicht ins übliche selbstbezogene Schema passt, sondern das Gute sucht – auch für andere.

Am Ende deines Briefes gibt es jede Menge Ermahnungen: Nachlässige zurechtweisen. Ängstliche stärken. Verantwortliche achten. Geduld haben. Immer beten. Und so weiter. Ein bekannter Tugendkatalog. Aber dieser Satz von dir fällt da raus, steht auch nur hier im Neuen Testament: „Prüft alles und behaltet das Gute!"

Echt spannend: das Bekannte und Gewohnte in Frage stellen. Sich jenseits der eigenen Meinung und Erfahrung umgucken nach dem, was sinnvoll sein könnte. Auch Verwunderliches, Verrücktes, Visionäres nicht ab-schätzig hinaus-prüfen, sondern wert-schätzend hinein-prüfen.

Ein guter Auftrag in der Zeitenwende – für deine junge Gemeinde damals und für unsere etablierten Kirchen heute! Danke, Paulus!

# VOR-SCHLAG ZUR GÜTE

Tobias Petzoldt

Und immer neu prüfen.
alles, was Recht ist,
alles, was schlecht ist,
um zu halten alles Gute.

Denn stets muss man wählen;
die Guten ins Töpfchen,
die Schlechten ins Kröpfchen,
märchenhaft nach alter Art.

Doch gut und gern wird getan,
als wäre das einfach,
als wäre das einfach möglich,
als gäbe es einstimmig Kriterien

für alles, was recht ist und gut –
meine Gedanken sind nicht deine,
deine Gütekriterien nicht meine,
du meine Güte!

Darum gibt's Gesetze, Kontrollen,
Zeugnisse und Prüfungen
auf Herz und Nieren – wird so
nach Standard alles gut?

Wofür etwas gut ist und ob,
was gut ist und wer für wen und
wann jenseits von „gut" das Böse ist –
weißt du das immer genau?

Ein Vorschlag zur Güte:
Alles hat meist auch ein Gutes.
Darum lassen wir's
so gut es geht

gut sein.

# Siehe, es ist gut

Stefanie Schardien

**M**al sehen ... Gott wiegt den Kopf hin und her, kneift die göttlichen Augen ein bisschen zusammen, um alles ganz genau anzuschauen. Ist das so okay? Die göttliche Frage verhallt im Dunkel des Universums. Mehr als ein Sirren und Flirren aus der Atmosphäre kommt nicht zurück. Weisheit, komm mal her, ruft Gott, und schon wirbelt sie heran, tanzt hin und her. In ihren Augen ein Kaleidoskop an Farben. Schau mal bitte: Stimmt die Größe der Sterne im Verhältnis zum Mond? Passt das so, oder ist es noch nicht

ganz richtig? Die Weisheit hält den Daumen hoch. „Und wie gefällt dir mein Karodesign für den Tiger? Extravagant, oder?" Gottes Brust schwillt fast unmerklich. Doch die Weisheit kichert. „Ach herrje, immer das Gleiche mit dir. Was haben wir gesagt? Praktisch muss es sein! Karo fällt in der Natur zu sehr auf. Gut laufen aktuell Streifen, überhaupt Senkrechtmuster und ein Farbkonzept abgestimmt auf die Pflanzen auf dem jeweils vorgesehenen Flecken Erde."
Die beiden, und aus der Ferne kann man sie kaum unterscheiden, beugen sich wieder und wieder über die fertigen Geschöpfe und gleichen die ursprünglichen Pläne mit der Wirklichkeit ab. Sie arbeiten hier ein wenig nach und probieren da noch eine andere Version. Vielleicht ginge es doch immer noch ein bisschen besser hier oder da? Gott lässt das keine Ruhe. Was, wenn am Ende jemand unzufrieden ist? Am Abend des sechsten Tages ergreift die Weisheit mit ihrer wissenden die liebevolle Hand Gottes und zieht daran. So, nun ist es mal genug. Wir gehen spielen. Und außerdem: Siehe, es ist gut!

# Schätze finden

# WAS ZU TUN IST

–

Loslassen
Aufheben

Die Hand der Mutter
Die Muschel am Meer

Abgeben
Behalten

Das gelesene Buch
Des Großvaters Uhr

Entsorgen
Erhalten

Die abgelaufene Milch
Die geschenkte Pflanze

Aufgeben
Abholen

Tobias Petzoldt

Die wichtige Post
Das anvertraute Kind

Weglassen
Zulassen

Den alten Schmerz
Den neuen Plan

Aussortieren
Abheften

Die alten Rechnungen
Die guten Erinnerungen

Verlassen
Festhalten

Den selbstgebauten Käfig
Dein Herz

# Himmlisch

Stefanie Schardien

**W**eil das Aufspüren des Himmelreichs – so erzählt es zumindest Jesus – dem Schätze-finden gleicht, darum fühlt es sich wohl auch umgekehrt himmlisch an, Schätze zu ent-decken. Jene, von denen ich nicht geahnt habe, dass es sie gibt. Die ich vielleicht nicht einmal gesucht habe. Sondern die ich plötzlich finde. Wie die Freundin, die ich nur durch eine verspätete Bahn gefunden habe, weil wir nebeneinander fluchend am Bahnsteig standen und uns dann in den zwei Stunden Wartezeit in der Bahnhofskneipe fürs Leben kennenlernen durften. Schätze wie das alte Holzpuzzle, das meine Eltern schön hinter Glas gerahmt aufgehoben haben und das mir nun bei jedem Anblick die Kindheit mit ihren Gerüchen und Bildern zurückholt. Sol-che Schätze schickt der Himmel und legt sie mir vor die Füße. Fast aber nur. So, dass ich schon genau hinschauen muss, um nicht an ihnen vorbeizugehen oder sie zu unterschätzen. Denn sie sind wertvoller, als ihr Fund zuerst vermuten lässt. Erst im Herzen wachsen sie auf ihre wahre, himmlische Größe an.

# DER KIRCHEN-CACHE

—

Andrea Schneider

Vor der Kirchentür warten sie schon auf mich: Hanne, ehrenamtliche Mitarbeiterin der Kirchengemeinde, und die dreijährige Medina auf ihrem kleinen Laufrad. Medina war im Bauch ihrer Mutter aus Albanien nach Deutschland geflüchtet. Noch ist nicht klar, ob die beiden bleiben dürfen. Sie hoffen es, denn sie haben hier einen sicheren Ort gefunden. Hanne und Medina kommen gerade aus dem Sprachcafé der Gemeinde, wo Medinas Mutter und zwanzig andere, meist Frauen aus dem Iran und der Ukraine, bei Kaffee und Kuchen eifrig üben, deutsch zu reden mit den Mitarbeitenden. Medina hat in der Spielecke gemalt, aber jetzt will sie mit Hanne und mir den „Kirchencache" angucken.

Medina laufradelt vor, wir stoppen an einem an der Seitenwand der Kirche angebrachten großen Metallkasten, hinter einem Strauch versteckt: eine „Geocachingdose".

Seit dem Auslöser in den USA im Jahr 2000 ist „Geocaching" – von griechisch „Erde" und englisch „Versteck" – ein riesiger Hype. Weltweit gibt es heute über drei Millionen „Geocaches", ca. 440.000 in Deutschland. Und einen also auch an der Kreuzkirche in Oldenburg.

Bei dieser modernen Schnitzeljagd verstecken „Owner" an besonderen Orten einen „Cache", einen wasserdichten Behälter, von döschen-klein bis kisten-groß. Darin befinden sich eine Art Logbuch zur Dokumentation und oft auch kleine Tauschgegenstände. Mit Hilfe von angegebenen Koordinaten und GPS-Empfänger oder Handy-App machen sich Geocacher aller Altersgruppen auf die Schatzsuche. Wichtige Regeln dabei: Notier deinen Fund und erzähl so seine Geschichte weiter. Nimm dir gern was mit aus dem Cache, leg dann aber wieder einen „Schatz" hinein, damit weiter getauscht werden kann und die Entdeckungsreise weitergeht – in der freien Natur und in der fremden Stadt, in der weiten Welt ...

Meist gibt es ein Rätsel, einen Code, den die Suchenden raten oder finden müssen zum Öffnen der Dose. Hanne gibt ihn ein am Zahlenschloss, Medina öffnet die Metalltür: zwei breite Regalbretter, darauf und davor jede Menge unterschiedlichste Figuren, aus Holz und von Lego oder Playmobil, Mini-Stoffpüppchen und auch ein Weihnachtsengel ... Eine „Menschen-Mischung", die zum Lächeln lockt.

An den Wänden Bilder von Gemeindeaktivitäten: Krabbel- und Seniorengruppe, Gospelchor und Stille-Abend, Seelsorge und Sprachcafé ... Quer über alles ein breiter Papierstreifen: „Kreuzkirche – Gemeinde für alle!"

Hanne liest ein bisschen was vor aus dem Logbuch: „Sehr cooler Cache! Danke fürs Hegen und Pflegen", „Habe mit Kirche nix am Hut, aber toll gemacht!", „Habe eine bunte Schleife dagelassen." „Kirche mal anders! Der Hausmeister kam vorbei, hat uns die Kirche gezeigt."

Medina entdeckt eine Seifenblasendose zwischen all den Figürchen: „Darf ich haben?" Hanne: „Na klar, hast zwar nichts zum Reinlegen, aber bist ja selbst ein Schatz!"

Medina und ihre muslimische, vor Gewalt und Unrecht geflohene Mutter – sie sind willkommen. Kirche für alle. Bunt und vielfältig. An so vielen Orten. Eine spannende Schatzsuche.

# Was freut dich?

# NIEDER-LASSUNGEN DER FREUDE

Stefanie Schardien

**D**a ist die Freude über das in mühevoller und langer Arbeit Geschaffte. Nach Prüfungen und Umzügen oder manchmal auch am Ende eines Lebens. Solche Freude, wie sie das Volk Gottes gefühlt haben muss, als es nach so vielen Jahren Wanderung endlich das verheißene Land erblicken durfte. Lang zieht diese Freude schon leuchtend am Horizont herauf. Die Vorfreude bahnt ihr den Weg, bis sie als tiefe Genugtuung ankommt – tief im Bauch.

Da ist die Freude über das, was Zukunft und Hoffnung schafft. Solche Freude, die Kinder in mir wecken. Und mit ihnen alles, was von dem erzählt, was das Leben an Möglichkeiten bereithält. In der Bibel läuft dem alten Zacharias das Herz beim Anblick des kleinen Jesus so über, dass er zu singen beginnt. Eigentlich wohnt diese Freude wohl im Herzen, lerne ich, mit Außenstelle in der Kehle.

Dann sind da noch kleine Freuden. Die über Clowns und Köstlichkeiten oder lustige Ansagen im Zug. Dieses Staunen, wie ich es aus den Psalmen über die Wunder der Schöpfung höre oder wie ich mir die Menschen vorstelle, die nur aus den Augenwinkeln Zeugen von Jesu Wundern wurden. Vielleicht ist die Halbwertszeit dieser kleinen Freuden nicht so groß. Dafür kommen sie überraschend und ohne Vorwarnung daher und ziehen ein in die Lachfalten und leuchtenden Augen.

Zu den vielen Niederlassungen der Freude gehört ihre Hauptstelle. Die liegt in der Seele. Und ich glaube fest, dass alle Freuden, die großen und kleinen, darin einzahlen – als Tankstelle für freudlose Tage.

# ES GEHT JA WIEDER!

Andrea Schneider

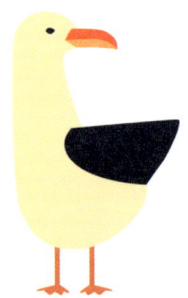

**D**er erste Freitag im Monat. „Willkommen zum Repair-Café!", steht auf dem Banner an der Eingangstür der Kirche. Mit einigen anderen Leuten betritt auch Frau L., grauhaarig-unscheinbar, ca. 80 Jahre alt, das Foyer. Freundlich wird sie begrüßt vom etwa gleichaltrigen Repair-Café-Mitarbeiter Hermann, der sich nach dem Tod seiner Frau gern hier engagiert als Empfangschef, auch weil seine Nachmittage dann ab und zu ein bisschen weniger einsam sind …
Frau L. hält ein kleines Kofferradio in der Hand, 60er-Jahre-beige, runder Lautsprecher, Ausziehantenne. „Hab's schon so lange. Aber nun geht es nicht mehr. Kann man da was machen?" Sie trägt sich in eine Liste ein und unterschreibt den Haftungsausschluss.
Die Wartezeit, bis ein Reparatur-Platz frei wird, könne sie ja im Kirchencafé nebenan überbrücken, schlägt Hermann ihr vor.
Frau L. nimmt dort Platz, genießt eine Tasse Kaffee, ein Stück selbstgebackenen Kuchen und den Schnack mit Café-Mitarbeiterin Irma. Vielleicht steckt sie auch ein paar Euros in die Spendendose auf dem Tisch. Wenn nicht, wäre das auch okay. Sie wirkt nicht so, als hätte sie eine üppige Rente.

Dann wird Frau L. in den großen Saal nebenan gebeten. Viele Tische stehen da, mit Werkzeug und Ersatzteilen, Nähmaschinen und Stoffresten. Mehr als zehn Reparateure, männlich und weiblich, fast-noch-jung und ziemlich-alt, schauen prüfend hin – auf Bügeleisen und Staubsauger, Fahrradschläuche und Perlenketten. Schrauben auf und wieder zu, bauen aus und wieder ein, hämmern und kleben, nähen und fädeln. Runzeln die Stirn oder schmunzeln vor sich hin. Gäste stehen dabei, fragen, erzählen, fassen mal mit an. Fröhliches Gewusel ...

An einem Tisch sitzt der neunjährige Hanno mit konzentriertem Blick vor einer Nähmaschine und zieht Nähte über den bunten Stoffrest auf dem Riss in seinem Kuschelkissen – freundlich beobachtet von Mitarbeiterin Britta, die ihm kleine Tipps gibt.

Am Tisch daneben sucht ein Informatikstudent geduldig am Laptop eines älteren Herrn nach der Lösung eines Softwareproblems.

Elektromeister i. R. Peter nimmt sich des Uralt-Radio-Schätzchens von Frau L. an. Er öffnet es, prüft die Spannung, lötet einen Kondensator wieder an. Dann dreht er den Knopf. Aus dem Lautsprecher rauscht es. Peter grinst, Frau L. staunt: „Es geht ja wieder! Vielen, vielen Dank! Den Sender finde ich zuhause!" Und beschwingt geht sie von dannen. In einem Monat wird sie wiederkommen, und auch danach wieder. Irgendwas findet sich immer, was repariert werden könnte. Oder sie kommt einfach nur so, ohne was Kaputtes. Weil es so freundlich hier ist, irgendwie heilsam. Weil sie spürt: Auch innerlich geht da wieder was bei ihr.

Der renommierte Post-Wachstums-Ökonom Niko Paech sagt es so: Den Konsum-Hype reduzieren, suffizient, d. h. selbstgenügsam leben, persönlich und gesellschaftlich – das ist dringend nötig, um unseren $CO_2$-Ausstoß wirksam zu verringern. Aber es geht nicht nur ums Verzichten: Weniger ist oft mehr. Aus Alt wird Neu. Reparieren statt wegwerfen, etwas können statt nur konsumieren – das schenkt viel: Lebensfreude.

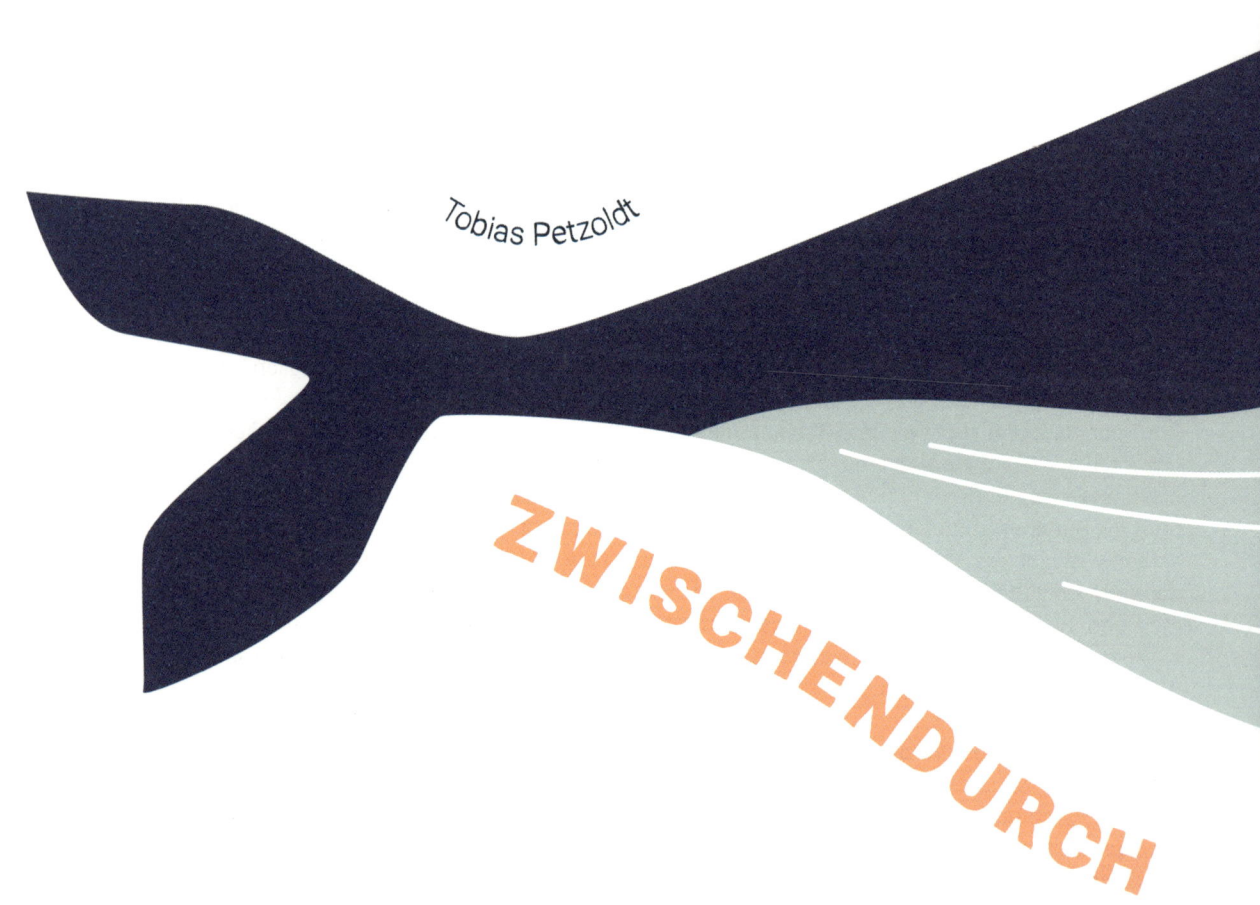

Tobias Petzoldt

ZWISCHENDURCH

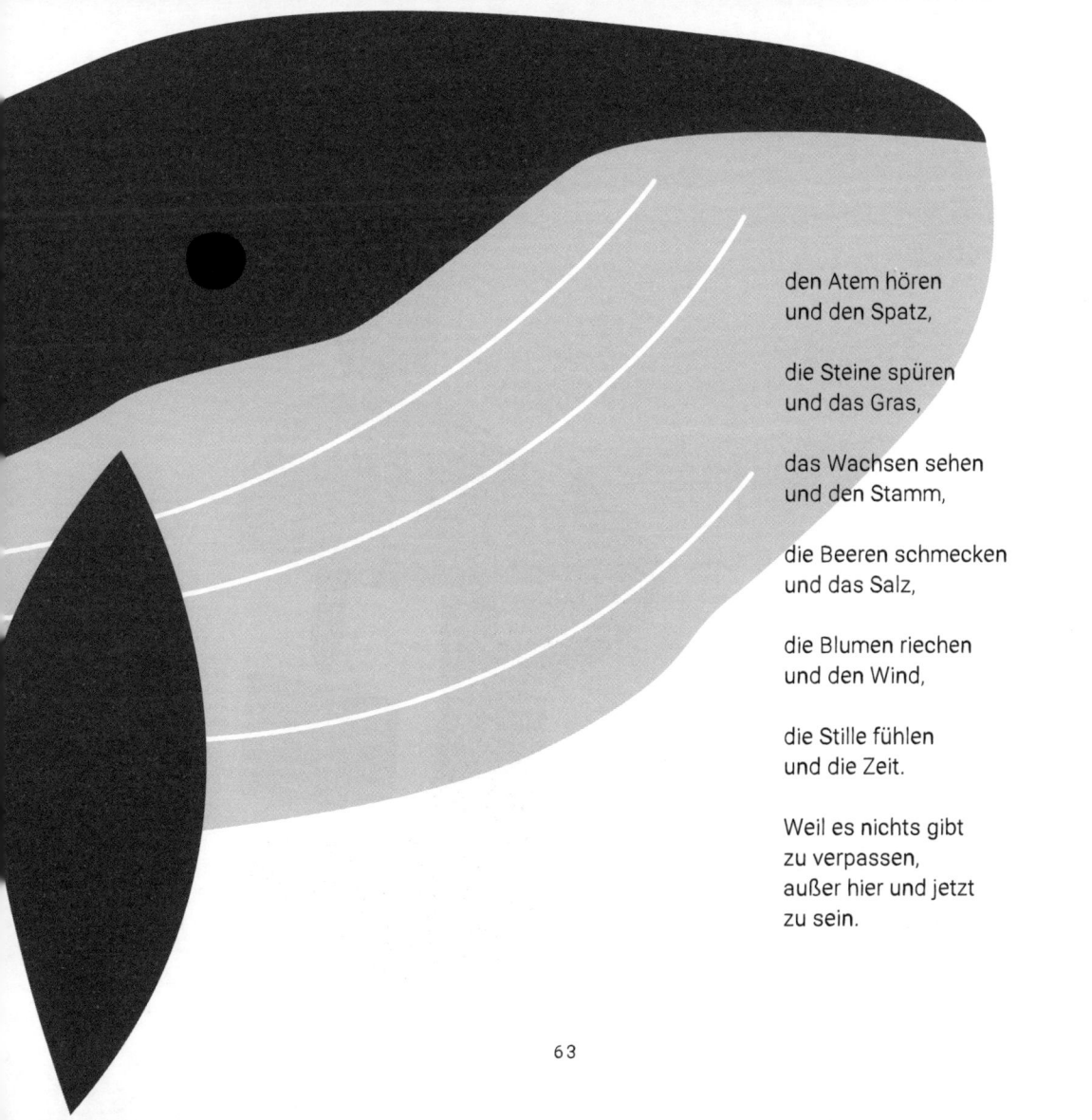

den Atem hören
und den Spatz,

die Steine spüren
und das Gras,

das Wachsen sehen
und den Stamm,

die Beeren schmecken
und das Salz,

die Blumen riechen
und den Wind,

die Stille fühlen
und die Zeit.

Weil es nichts gibt
zu verpassen,
außer hier und jetzt
zu sein.

63

# Im Glück baden

Andrea Schneider

# Hygge-Glück

In Nordeuropa leben die glücklichsten Menschen. So jedenfalls regelmäßig der jährliche World-Happiness-Report auf seiner 143 Länder umfassenden Rangliste. An der Spitze liegt oft Finnland, gefolgt abwechselnd von Dänemark, Schweden, Norwegen, Island.

Das kann verwundern: Hoch im Norden sind die Sommer kurz, die Winter lang, die Wälder riesig, die Ablenkungen spärlich. Alles eher nicht so förderlich für „Happiness", oder?

Im hohen Norden ist viel Platz, viel Natur, viel Freiheit. Die einzigartig lichtvollen Sommerwochen, wenn die Sonne nicht untergeht, locken die Menschen nach draußen, zum Beispiel an einen der unzähligen öffentlich zugänglichen Seen. Sie packen Picknickdecke, Smörrebröd, Kaffeekanne und Kind und Kegel ein und genießen einfach den Sommertag. Und vielleicht auch noch die helle Nacht ...

Die monatelange Winterzeit, wenn die Sonne kaum zu sehen ist, verdunkelt zuweilen auch die Seele. Aber Kaminfeuer und Sauna machen hell und warm. Und mit Familie und Freunden zusammensitzen und spielen, schenkt Freude am Winter-Leben zuhause.

Im Glück baden – ja, das können die Nordlichter: nicht nur im Sommer, wenn der See sanft den Körper umspielt. Auch im Winter, wenn nach einem Saunagang das Wasser eiskalt den Körper reizt. Es gibt hier vielfältige Glückserfahrungen zu aller Zeit. Und – das ist wichtig: Es gibt sie für alle.

Chancengleichheit, erträgliches Einkommen, sozialer Zusammenhalt, Vertrauen in die Regierenden, Abwesenheit von Korruption – dies sind laut dem World-Happiness-Report die entscheidenden Faktoren für Glück. Leider ist es überhaupt nicht selbstverständlich, unter diesen Glücksbedingungen leben zu dürfen. Sondern für Millionen Menschen eine schier unerreichbare Sehnsucht. Zum Beispiel in Afghanistan, ganz unten auf der Glücksrangliste. Glück – auch eine gesellschaftspolitische Aufgabe.

Die Dänen haben ein eigenes, nicht übersetzbares Wort für ihre Lebensart: Hygge.
Es bedeutet in etwa: Geborgenheit, Gemütlichkeit, Gemeinschaft.
Hyggelig ist eine Wohnung mit hellen Holzmöbeln und kuscheligen Sofakissen. Ein Kaffeestündchen mit brennenden Kerzen und duftenden Zimtschnecken. Eine Stadt mit grünen Parks und vielen Fahrrädern. Eine Schule mit bunter Schülerschaft und kleinen Klassen ... Und auch die Jogginghose, die ehrlich unsportlich „Hygge-Bukser" heißt.

Hygge-Glück: sich nicht gegenseitig mit Konkurrenz und Neid stressen, sondern sich entspannt und gemeinschaftlich am Leben freuen. Die Erfahrung lehrt: Dunkel-dicke Wolken ziehen weg. Knallhelle Sonnenstrahlen scheinen auf. Jeder Tag ist eine neue Chance fürs Glück.
Auch kühl-zurückhaltende Nordlichter könnten dieses übersprudelnd-fröhliche Gebet aus Afrika mitbeten:

„Herr, ich werfe meine Freude wie Vögel an den Himmel. Die Nacht ist verflattert, und ich freue mich am Licht. Die Vögel und die Engel singen, und ich jubiliere auch. Ich freue mich und freue mich. Ein neuer Tag, der glitzert und knistert, knallt und jubiliert von deiner Liebe. Jeden Tag machst du. Halleluja."

# Glück halten

## Tobias Petzoldt

Lass mich festhalten
mein Glück, für jetzt
und alle Zeit.

Lass mich anhalten
die Uhr, zu genießen
unaufhörlich.

Lass mich behalten
diese Freude, immer
und ewig.

Weil ausdauernde Glückseligkeit
aber kaum auszuhalten wäre,
lass mich auskosten

diesen Moment.

# Prioritätenfrage

Stefanie Schardien

Glück Glück Glück Glück Glück Glück Glück Glück
Glück Glück Glück Glück Glück Glück Glück Glück
Glück Glück Glück Glück Glück Glück Glück Glück
Glück Glück Glück Glück Glück Glück Glück Glück
Glück Glück Glück Glück Glück Glück Glück Glück
Glück Glück Glück  UNGLÜCK  Glück Glück Glück
Glück Glück Glück Glück Glück Glück Glück Glück
Glück Glück Glück Glück Glück Glück Glück Glück
Glück Glück Glück Glück Glück Glück Glück Glück
Glück Glück Glück Glück Glück Glück Glück Glück
Glück Glück Glück Glück Glück Glück Glück Glück

# Vertrautes genießen

Tobias Petzoldt

# TÄGLICHE ÜBUNG

Das, was ist:

viel Vertrautes,
alles alltäglich,
so selbstverständlich.

Dass aber alle Tage sind,
sich vieles selbst versteht
und mir so gut vertraut ist –

wie Wohnung und Wärme,
Frieden und Freunde,
Wahlessen und Wohlergehen–,

ist weder alltäglich,
selbstverständlich
noch voraussetzbar,

sondern Gnade
und guter Grund
für Dankbarkeit.

Immer wieder,
immer neu.
Amen.

# Boden-
# haftung

Stefanie Schardien

mmer weiter. Mehr sehen und erleben. Offenbleiben. Neues wagen. Nur keine Langeweile aufkommen lassen. Und nicht spießig werden.

Wie eine Überschrift habe ich das über mein Leben geschrieben.

Aber wie war das mit Jesus?

Auf seinen Wanderungen ist er immer wieder eingekehrt bei Maria und Marta. Gewiss hätte er auch anderswo eine Herberge gefunden. Wie viele Neugierige wollten ihn wohl einmal zu Gast haben? Doch Jesus klopft an dieselbe Tür. Ein kleines Haus in Betanien. Er atmet auf, wenn er über die Schwelle tritt. Alles riecht wie immer. Sein Bündel für die Nacht legt er an den richtigen Ort im Haus. Essen, erzählen, aufräumen, schlafen gehen.

Vertrautes, lerne ich, ist das, was mich glauben und hoffen lässt. Es sind Blicke, Gerüche und Klänge, die mir Zuversicht schenken. Das Vertraute ist der gute Boden für mein Zutrauen ins Neue.

# HEFEKLÖSSE UND SEMMEL-KNEDEL

Andrea Schneider

—

**W**as hält die Generationen zusammen – bei aller Unterschiedlichkeit der Meinungen und Lebensentwürfe? Manchmal sind es die kleinen, unspektakulären Dinge, zum Beispiel ein vertrautes Essen ... so in meiner Familie:

Seit meiner Kinderzeit sind Hefeklöße mit warmer Blaubeersuppe und Vanillesoße ein beliebtes Essen für mich. Meine Mutter hatte das Gericht aus ihrer sächsischen Heimat bei uns eingeführt. Und mein Mann, dessen Mutter aus Böhmen stammt, hat schon als Kind Mehlspeisen und Knedleki aller Art gekannt und geliebt. Zum Beispiel die aus altbackenen Brötchenwürfeln und Mehl zu großen länglichen Klößen geformten, in Salzwasser gegarten und mit einem gekreuzten Faden in Scheiben geschnittenen Semmelknedel, wirklich mit „e" statt mit „ö".

Diese alten Kindheitsessen – zugegeben: nicht Sterneküchen-geeignet – haben wir in unsere Familie übernommen. Unsere Kinder, längst von zuhause ausgezogen, mögen immer noch Hefeklöße und Semmelknedel. Ein Stück Heimat. Und ihre eigenen jungen Familien ein Anlass, nach den großmütterlichen Rezepten dafür zu fragen.

Wenn heute ab und zu die ganze Sippe mit Kind und Kegel bei uns Alten einfällt zum Besuch, dann wird schon vorher die Frage gestellt, unterdessen auch von den Enkelkindern: „Wann gibt's eigentlich Hefeklöße und wann Knedel, mit gaanz viel Soße?"

Die farbintensive Blaubeersuppen-Kleckerei der Kleinsten ist kein Problem. Die Frage, wer von den erwachsenen Kindern die Ehre hat, beim fädrigen Schneiden der Knedel mitzuhelfen, zuweilen schon …
Und wenn dann endlich alle am großen Tisch sitzen, ist damit zu rechnen, dass der älteste Enkel, schon im flapsig-pubertären Alter, in meine Richtung die Bemerkung loslässt: „Na, Oma, jetzt sagst du bestimmt gleich wieder dasselbe: dass Uromi und Uroma im Himmel uns hier unten zugucken und sich freuen!"
Tja, kann gut sein, dass ich dann tatsächlich so was reinrede in die Runde – amüsiert und ein bisschen gerührt zugleich. Und sogar fast Lust hätte, das Ganze mit dem vierten Gebot zu deuten: Wer Vater und Mutter ehrt, ihnen Anerkennung zollt – und sei es ihren überlieferten Kochrezepten –, der wird lange leben auf Erden.

Jedenfalls einfach schön, wie wir uns immer wieder zu diesen traditionellen Familien-Gerichten versammeln am Tisch. Und dabei natürlich auch heftig über dies und das und jenes diskutieren …

# Im Herzen bewegen

# Ge-
# schichts-
# rückblick

Stefanie Schardien

**M**it jedem Tag bekommen wir ein paar Perspektiven mehr geschenkt.

All die Eindrücke und Lehren, die uns ins Herzinnere und in die Hirnrinden gelegt werden. Die Erfahrungen der Mütter und Väter und Großeltern, die Lektionen der Lehrerinnen und Erkenntnisse der Wissenschaftler, die Weisheit von Poetinnen und biblischen Erzählern.

All das halten wir nicht einfach fest. Vielmehr müssen wir es bewegen in uns. Hin und her.

Im Gewissen, im Herzen, in der Seele. So schütteln wir den Staub herunter von den alten Wegen der Vorfahren und legen die großen Routen der Lebenswege frei. Sichtbar werden uns die nötigen Umwege und besonders auch die Sackgassen, in die manche Generationen vor uns geraten sind.

Wenn wir die Geschichte im Herzen hin- und herbewegen, nutzen wir unser Privileg, prüfen zu dürfen. Mit dem Auftrag, nicht die alten Fehler zu wiederholen, sondern die guten Wege weiterzugehen.

# DAS GELASSEN-HEITSGEBET

Andrea Schneider

> „Gott, gib mir die Gelassenheit, Dinge hinzunehmen, die ich nicht ändern kann, den Mut, Dinge zu ändern, die ich ändern kann, und die Weisheit, das eine vom anderen zu unterscheiden."

Als vermutlich erstmals im Sommer 1943 der deutsch-amerikanische Theologe Reinhold Niebuhr sein „Serenity Prayer" sprach in einem Gottesdienst der kleinen Dorfgemeinde an seinem Urlaubsort in Massachusetts, da ahnte er sicher nicht, was er damit auslösen würde. Seine Bitte um Gelassenheit gefiel schon den ersten Zuhörenden. Sie schrieben sich den kurzen Text auf, nahmen ihn mit, gaben ihn weiter.

Niebuhr, sozial-politisch engagierter Pastor in einem Arbeiterviertel der Industriestadt Detroit, hatte ursprünglich eine andere Reihenfolge in seinem Gebet: Es begann mit der Bitte um den Mut, Dinge zu ändern – die man nicht nur ändern „kann", sondern sogar „muss".

Ab den frühen 50er Jahren verbreitete sich das sogenannte „Gelassenheitsgebet" auch in Deutschland, zunächst unter einem Autoren-Pseudonym und mit unklarer Urheberschaft. Heute sehr bekannt, wird es In unterschiedlichen Fassungen – auch ohne die Anrede „Gott" – gedruckt auf Poster und Postkarten, wird im w.w.w empfohlen als „Krisencoach".

Seit ihren Anfängen gehört das Gebet zur Arbeit der Anonymen Alkoholiker und heute auch zu Treffen anderer Sucht-Selbsthilfegruppen: Die Teilnehmenden stellen sich im Kreis auf, halten sich an den Händen und sprechen es gemeinsam, oft so ergänzt: „Gib mir die Geduld für Veränderungen, die ihre Zeit brauchen, und Wertschätzung für alles, was ich habe. Toleranz gegenüber jenen mit anderen Schwierigkeiten und die Kraft aufzustehen und es wieder zu versuchen – nur für heute." Therapeutisch gut: Geduld mit sich und anderen haben, sich vom Scheitern nicht frusten lassen, Schritt für Schritt auf dem Weg.

Das Gelassenheitsgebet kann auch einen politischen Akzent bekommen.

Der evangelische Theologe Dr. Markus Dröge hat es während seiner Bischofszeit in Berlin so variiert – zur Frage, ob man als Christ mit Populisten sachlich streiten könne:

„Gott, gib mir die Gelassenheit, den Vorwurf auszuhalten, ich sei lieblos, weil ich mich klar positioniere und mich nicht auf Gespräche einlasse, die keinen fairen Diskurs erwarten lassen; gib mir den Mut, Gespräche zu wagen, die die Chance der Wahrheitsfindung bieten, und gib mir die Weisheit, das eine vom anderen zu unterscheiden." Gut im politischen Streit: klare Kante zeigen und zugleich Dialogbereitschaft.

Ein Freund von mir, leitender Arzt für Blutkrebserkrankungen an einer Uniklinik und überzeugter Christ, hat das Gelassenheitsgebet als Bild hinter seinem Schreibtisch im Besprechungszimmer hängen. Wenn ihm Patienten gegenübersitzen und er ihnen schwere Diagnosen und harte Behandlungsmethoden erklärt, haben sie auch dieses Gebet vor Augen. Und die sachliche Information hat sichtbar einen „Hintergrund". Zuweilen führt dies, so erzählt mein Freund, zu guten Gesprächen, die über Studien und Statistik hinausgehen.

Ein schlichtes, aber überhaupt nicht simples Gebet – gut, es im Herzen zu bewegen ... und zu behalten.

# Herzblick

Tobias Petzoldt

Immer neu ist's gut,
das Herz zu hören,
Herzschläge zu spüren

und mit dem Herzen zu sehen.
So wird – wie wir wissen –
das Wesentliche sichtbar und

du darfst
den Blick richten
auf deinen Weg:

auf Spuren und Stufen,
Brücken und Biegungen,
Kehren und Einkehrplätze.

Du darfst
den Blick richten
auf das, was im Fluss ist:

was stetig strömt,
was werden will,
was wachsen wird.

So darfst du
den Blick richten,
liebevoll,

mit herzlichem Dank
und ohne zu richten
dich.

# Geborgenheit
# spüren

# WOLFSSTUNDE

Andrea Schneider

rgendwann mal hatte ich es ausgeschnitten aus einem Kalender und habe es behalten – dieses Schwarz-Weiß-Foto zum Monat November:
Dunkle Gestalten von hinten, unter großen schwarzen Regenschirmen. Und mittendrin ein helles Kindergesicht. Auf dem Arm des Vaters, festgekrallt in seinen Mantel, beschützt von Schirm und Kapuze, dreht das Kind den Kopf herum und schaut aus der Dunkelheit heraus, mit wachen und neugierigen Augen.
Der Spruch unter dem Foto stammt aus der Bibel, aus Psalm 59:
„Ich rechne mit dir, denn du machst mich stark; du, Gott, gibst mir sicheren Schutz."
David habe diesen Psalm gedichtet, so die Überschrift, als sein Widersacher Saul sein Haus umstellen ließ, um ihn zu töten. Er beschreibt seine Situation so:
„Meine Feinde greifen mich an ... Sie dürsten nach meinem Blut ... Jeden Abend kommen sie wieder und schleichen rings um die Stadt wie eine Meute heulender Hunde. Der Geifer fließt ihnen aus dem Maul, jedes Wort von ihren Lippen ist ein Dolch ..."

Gruselig. Ob diese von David beschriebenen nächtlichen Feinde wirklich konkret vor Ort waren? Oder ob er sie nur in sich drin gespürt hat? Es könnte sein, dass der Psalmdichter hier ein von Schlafforschern „Wolfsstunde" genanntes psychosomatisches Phänomen beschreibt, das Menschen häufig nachts zwischen drei und vier Uhr erleben. Wenn der Hormonspiegel durcheinander gerät, der Blutdruck sinkt und in einer Leichtschlafphase das Bewusstsein neblig ist wie die späte Nacht. Wenn jedenfalls früher wirklich kein Mensch unterwegs war, sondern nur Wölfe draußen herumschlichen.

Wolfsstunde. Ja, das heulende Elend kann einen da überfallen wie eine bedrohliche Meute. Trübe Gedanken das Bett umkreisen wie geifernde Raubtiere. Panik die dünnhäutige Seele zerschneiden wie ein Dolch.

Vielleicht ist es eine Krankheit oder eine andere große Krise, die den Schlaf raubt: Was soll nur werden? Vielleicht aber auch nur der ganz normale Alltag, der im Nacken sitzt: Alles nicht zu schaffen! In der Wolfsstunde wird der Aufgabenberg riesig, die Angst vor dem Tag übermächtig. Tiefmüde sein und doch nicht schlafen können. Schlafforscher sprechen von einer Kurzzeit-Depression.

Psalmdichter David tut, was auch heute für die Wolfsstunde empfohlen wird:

Er steht auf. Wird richtig wach. Öffnet bewusst seine Grübel-Kreise für andere Gedanken. Und er schreibt die auf: Gott soll und kann ihn beschützen vor den Feinden, innen und außen. In der Dunkelheit der Nacht nimmt er schon ihr Ende vorweg:

„Ich besinge deine Macht, frühmorgens rühme ich deine Güte; denn du bewahrst mich wie in einer Burg, bei dir finde ich Zuflucht in Zeiten der Not."

Gott – wie eine schützende Burg. Das löst nicht die Probleme aus der Wolfsstunde, aber bricht ihren Bann. Vielleicht dann nochmal einschlafen können. Und am Morgen in den Tag starten – wach und neugierig. So wie das kleine Kind, geborgen auf dem Arm des Vaters, herausschaut aus dem Dunkel ins Helle.

GOTT GEGEN-WÄRTIG

Tobias Petzoldt

Am Ende des Nebels
ist Licht,
am Ende der Wolken
Gott

und

unter mir,
vor mir,
neben mir,

über mir,
hinter mir,
bei mir,

in mir.
Du bist hier.
Durch mich auch.

# DURCH-GEFÜHLT

Stefanie Schardien

**G**eborgenheit beginnt dort, wo ich mich
umgeben weiß
von etwas, das größer ist als ich selbst,
aber das mir doch stets nah genug ist, dass es
mein Leben berührt.
Geborgen fühle ich mich in Baumhäusern, beim
Anschauen von Fotos,
in Umarmungen guter Freunde und in freundli-
chen Blicken völlig fremder Menschen.
Ich fühle mich geborgen in den Straßen meiner
Kindheit,
bei Glockengeläut, unter Wolldecken, in Kirchräu-
men – am liebsten mit Orgelspiel –,
unter dem Sternenhimmel fern der Stadt.
Denn durch all das hindurch spüre ich die Wärme
von Gottes Hand.

# Wachsen
# lassen

# SCHÖPFUNGS-GÜTE

Tobias Petzoldt

Und siehe, es war sehr gut:
Der Mensch.
Nach eingehender Prüfung
wurdest du, gottgleich geschaffen,
für gut befunden.

So wie der Schnitzer aus kargem Holz
Formen schafft, Details kerbt,
Gleichheiten wirkt bis zur Erkennbarkeit;
so lang, bis der Meister gutheißt
das Werk seiner Hände.

Darum, mein Kind, leg ab die Zweifel.
Nach Gottes Bild bist du gestaltet,
von Gott bist du gesegnet,
mit Gott darfst du wachsen
und mehren: Alles Gute.

1. Mose 1,26-31

VIELLEICHT

Stefanie Schardien

Das bringt doch nichts", sagt der alte Mann mit Blick auf den Feigenbaum. „Das wird einfach nichts. Keine Feige. Keine einzige kleine Frucht seit drei Jahren."

Seit einiger Zeit muss sich seine Tochter um den Garten kümmern. „Was sollst du dich mühen", meint er zu ihr. „Das ständige Wässern kostet Zeit und Geld. Und Platz nimmt er auch weg. Da könnte ein Sandkasten hin. Lass den alten Baum fällen." Die Tochter runzelt die Stirn und streicht über eins der großen Feigenblätter.
„Weißt du noch, wie du mir damals geraten hast, es trotz der schlechten Noten noch ein Jahr mit der Schule zu probieren? Abgehen kannst du immer noch, hast du gesagt.
Geben wir dem Baum noch ein Jahr. Vielleicht ein bisschen mehr Wasser. Dünger könnte er auch vertragen. Vielleicht gibt's nächstes Jahr dann Feigen zum Frühstück."
„Vielleicht aber auch nicht", brummt der Mann.
„Stimmt", sagt die Tochter. „Aber zum Fällen eignet sich immer erst das nächste Jahr."

# BLÜTEN IM WINTER

—

Andrea Schneider

Das Jahr neigt sich dem Ende zu. Die Adventszeit, diese besondere Zeit im Jahr mit ihren besonderen Bräuchen, beginnt.

Ich mag die Tradition, Anfang Dezember Zweige eines Obstbaumes oder auch Forsythienzweige abzuschneiden und in eine Vase zu stellen. Die Wärme im Haus weckt die Kraft, die in den Zweigen schlummert. Und oft ziemlich genau zu Weihnachten entfalten sich die Blüten am Zweig.

Der Brauch gründet im Barbaratag, der am 4. Dezember begangen wird.
Eine eindrückliche Geschichte steckt dahinter:
Barbara lebte wohl gegen Ende des dritten Jahrhunderts in der heutigen Türkei. Sie war Tochter eines reichen heidnischen Kaufmanns. Wenn der auf Geschäftsreise war, sperrte er seine schöne Tochter in einem Turm ein, um ihre Unschuld zu schützen. Trotz allen Reichtums war Barbara unglücklich. Während einer längeren Abwesenheit ihres Vaters ließ sie sich taufen, denn sie hatte im christlichen Glauben endlich Sinn und Geborgenheit gefunden.

Und sie ließ in ihr Zimmer neben die zwei vorhandenen Fenster ein drittes einbauen – Symbol für die Dreifaltigkeit Gottes und Zeichen ihres Christseins. Vermutlich hat die junge Frau sich immer wieder geprüft: Was ist mir mein Glaube wert? Welches Risiko bin ich bereit, dafür einzugehen? Nach seiner Rückkehr brachte der Vater, blind vor Zorn, seine Tochter vor Gericht. Als sie dem christlichen Glauben nicht abschwören wollte, wurde sie brutal gefoltert und schließlich – so die gruselige Legende – vom Vater eigenhändig enthauptet.
Auf dem Weg in den Kerker verfing sich ein karger Kirschzweig in Barbaras Kleid. In ihrer Zelle tränkte sie diesen Zweig mit Wasser aus ihrem Trinkbecher, und kurz vor ihrem Tod, mitten im eiskalten Winter, begann der Zweig zu blühen.

Die Märtyrerin Barbara ist Schutzpatronin der Gefangenen und Sterbenden und auch der Bergleute, weil sie sich auf der Flucht vor ihrem Vater in einer Felsspalte versteckte, die sich wundersam vor ihr geöffnet hatte. Sie gilt auch als Helferin gegen Blitz und Feuer, weil Barbaras Vater nach der Enthauptung seiner Tochter vom Blitz erschlagen wurde.

Was auch immer aus diesem großen Legenden-Schatz „wahr" sein mag – Barbarazweige sind nicht nur ein hübscher Zimmerschmuck. Sie „sprechen" von Hoffnung: Gegen den Anschein, alles sei abgestorben und zu Ende, wächst frisches, neues Leben.
Sie locken: Lass dich überraschen! Blüten im Winter. Ostern zu Weihnachten.

So weitet sich gegen Ende dieses Jahres der Blick schon auf das nächste Jahr. Es steht unter diesem Hoffnungs-Motto aus dem letzten Buch der Bibel: „Siehe, ich mache alles neu!"

Bibliografische Information der Deutschen Nationalbibliothek: Die Deutsche Nationalbibliothek verzeichnet diese Publikation in der Deutschen Nationalbibliografie; detaillierte bibliografische Daten sind im Internet über http://dnb.d-nb.de abrufbar.

Das Buch wurde auf alterungsbeständigem Papier gedruckt.

Gesamtgestaltung: Franziska Marielle Schatz, Kaufbeuren
Druck und Bindung: GRASPO CZ, a.s., Zlín

ISBN 978-3-96038-386-4
www.eva-leipzig.de

Quellen:
S. 7: Einheitsübersetzung der Heiligen Schrift © 2016 Katholische Bibelanstalt GmbH, Stuttgart